Practicing Numbers
10 – 1

1

■ Draw a line from 10 back to 1 in order while saying each number aloud.

To parents

Starting with this page, your child will practice writing and reciting numbers in reverse order. Being able to successfully recite and write numbers in reverse order is indispensable for an understanding of subtraction. When your child completes each exercise, please offer lots of praise.

Name

Date

W0038672

■ Say each number aloud as you trace it.

30	29	28	27	26	25	24	23	22	21
20	19	18	17	16	15	14	13	12	11
10	9	8	7	6	5	4	3	2	1

■ Fill in the missing numbers. Say each number aloud.

30	29	28	27	26	25	24	23	22	21
20	19	18	17	16	15	14	13	12	11
10	9	8	7	6	5	4	3	2	1

Practicing Numbers
15 – 1

■ Draw a line from 15 back to 1 in order while saying each number aloud.

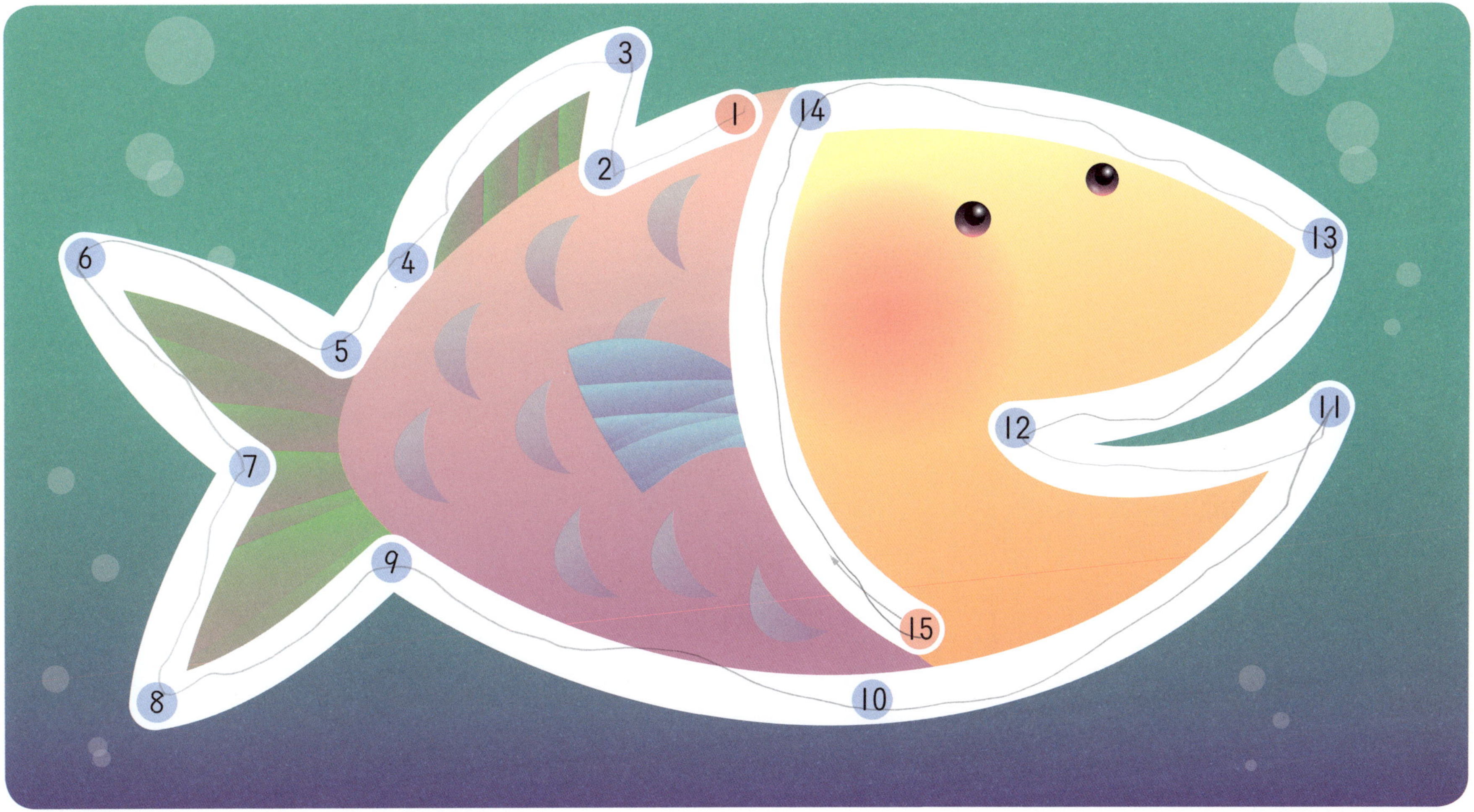

3

■ Say each number aloud as you trace it.

30	29	28	27	26	25	24	23	22	21
20	19	18	17	16	15	14	13	12	11
10	9	8	7	6	5	4	3	2	1

■ Fill in the missing numbers. Say each number aloud.

30	29	28	27	26	25	24	23	22	21
20	19	18	17	16	15	14	13	12	11
10	9	8	7	6	5	4	3	2	1

Practicing Numbers

20 – 1

Name

Date

■ Draw a line from 20 back to 1 in order while saying each number aloud.

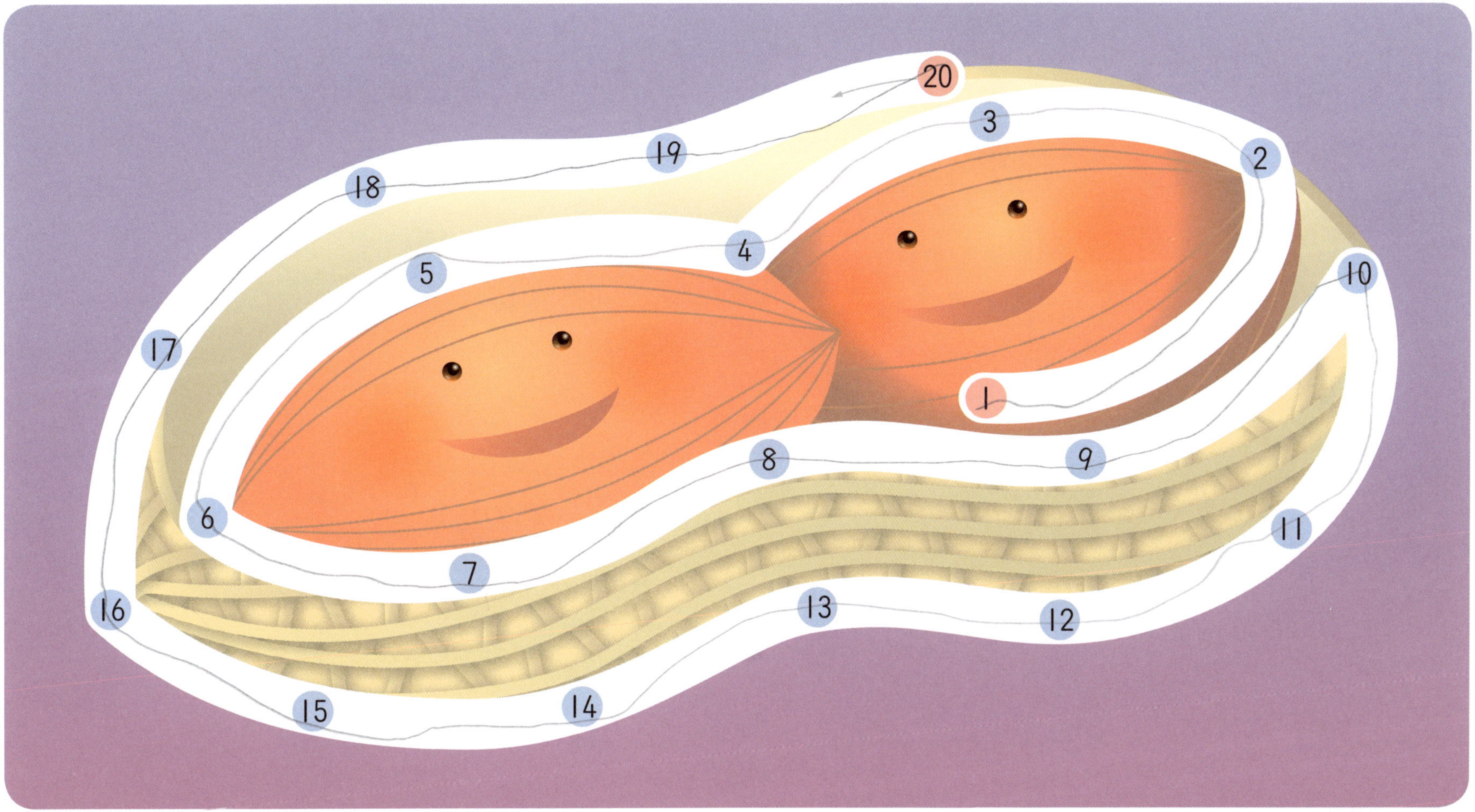

■ Say each number aloud as you trace it.

30	29	28	27	26	25	24	23	22	21
20	19	18	17	16	15	14	13	12	11
10	9	8	7	6	5	4	3	2	1

■ Fill in the missing numbers. Say each number aloud.

30	29	28	27	26	25	24	23	22	21
20	19	18	17	16	15	14	13	12	11
10	9	8	7	6	5	4	3	2	1

Practicing Numbers

25 – 1

■ Draw a line from 25 back to 1 in order while saying each number aloud.

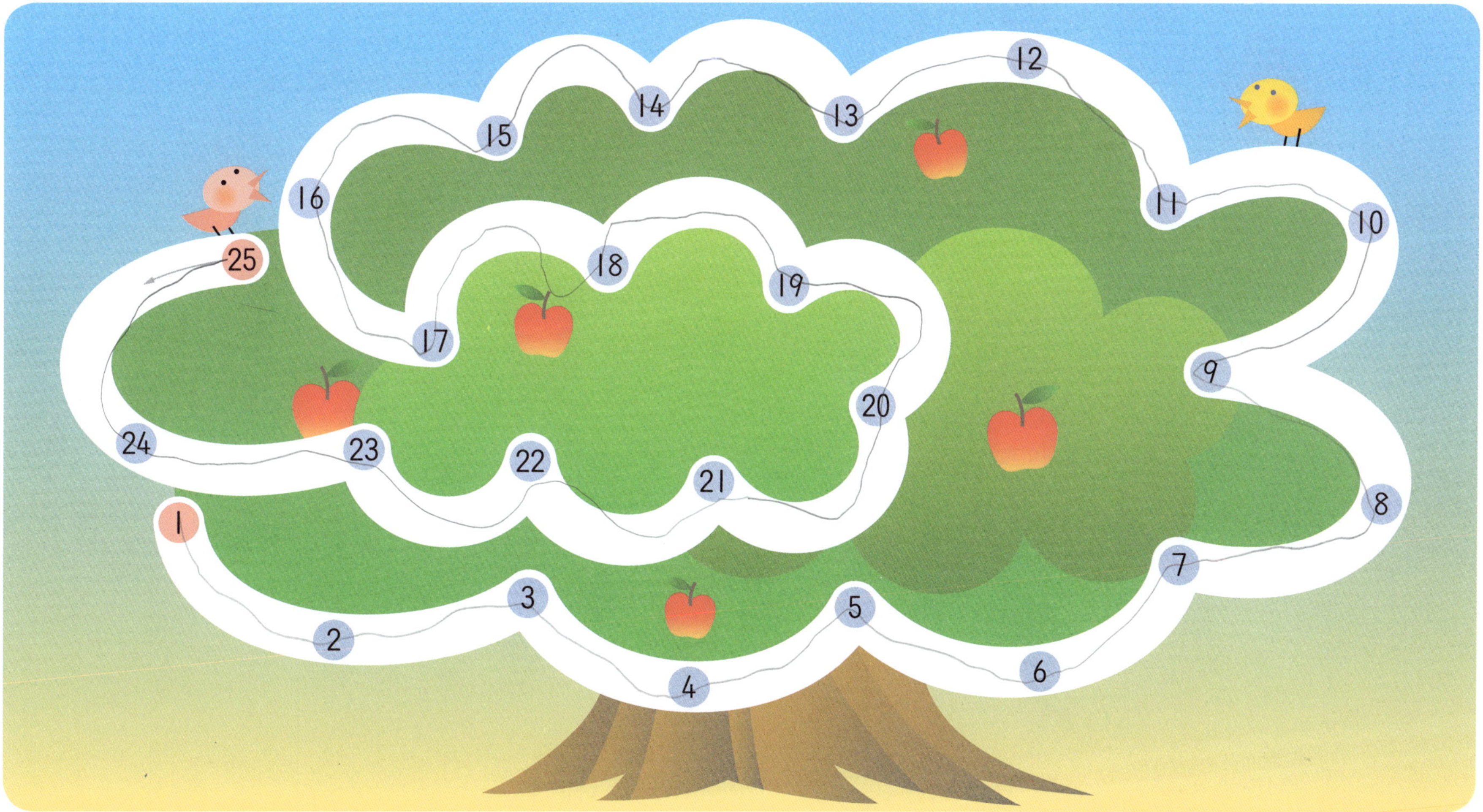

■ Say each number aloud as you trace it.

30	**29**	**28**	**27**	**26**	25	24	23	22	21
20	19	18	17	16	15	14	13	12	11
10	9	8	7	6	5	4	3	2	1

■ Fill in the missing numbers. Say each number aloud.

30	**29**	**28**	**27**	**26**	25				
									1

Practicing Numbers

30 − 1

Name

Date

■ Draw a line from 30 back to 1 in order while saying each number aloud.

27
26
28
29
30
25
21
22
24
20
23
16
19
17
11
18
15
12
14
10
13
6
9
7
1
8
5
2
4
3

■ Say each number aloud as you trace it.

30	29	28	27	26	25	24	23	22	21
20	19	18	17	16	15	14	13	12	11
10	9	8	7	6	5	4	3	2	1

■ Fill in the missing numbers. Say each number aloud.

30									
									1

Subtracting 1 and 2

1 - 1 to 10 - 1

Name

Date

■ Subtract the numbers below.

To parents
Starting with this page, your child will learn subtracting the numbers 1 through 5. Please have your child use the number chart as a guide. Some answers will be 0. If your child has a difficult time grasping the concept of 0, allow the repeated exercises to help familiarize him or her with the idea.

(1) 2 - 1 =

(2) 3 - 1 =

(3) 4 - 1 =

(4) 5 - 1 =

(5) 6 - 1 =

(6) 7 - 1 =

(7) 8 - 1 =

(8) 9 - 1 =

(9) 10 - 1 =

(10) 3 - 1 =

(11) 2 - 1 =

(12) 1 - 1 = 0

(13) 8 - 1 =

(14) 4 - 1 =

(15) 6 - 1 =

| 0 | 1 | 2 | 3 | 4 | 5 | 6 | 7 | 8 | 9 | 10 |

■ Subtract the numbers below.

(1) 3 – 2 =

(2) 4 – 2 =

(3) 5 – 2 =

(4) 6 – 2 =

(5) 7 – 2 =

(6) 8 – 2 =

(7) 9 – 2 =

(8) 10 – 2 =

(9) 4 – 2 =

(10) 3 – 2 =

(11) 2 – 2 = 0

(12) 9 – 2 =

(13) 5 – 2 =

(14) 8 – 2 =

(15) 7 – 2 =

| 0 | 1 | 2 | 3 | 4 | 5 | 6 | 7 | 8 | 9 | 10 |

Subtracting 3, 4, and 5

3 − 3 to 10 − 3

■ Subtract the numbers below.

To parents
Learning to subtract the numbers 1 through 5 will build a foundation for more complicated subtraction skills. Please encourage your child to practice until he or she can complete the exercise easily without counting fingers or getting confused. When your child is unsure of his or her answer, encourage him or her to check the answer by adding the result to the number subtracted.

(1) $4 - 3 =$

(2) $5 - 3 =$

(3) $6 - 3 =$

(4) $7 - 3 =$

(5) $8 - 3 =$

(6) $9 - 3 =$

(7) $10 - 3 =$

(8) $5 - 3 =$

(9) $4 - 3 =$

(10) $3 - 3 = 0$

(11) $9 - 3 =$

(12) $7 - 3 =$

(13) $10 - 3 =$

(14) $8 - 3 =$

(15) $6 - 3 =$

| 0 | 1 | 2 | 3 | 4 | 5 | 6 | 7 | 8 | 9 | 10 |

■ Subtract the numbers below.

(1) 5 − 4 =

(2) 6 − 4 =

(3) 7 − 4 =

(4) 8 − 4 =

(5) 9 − 4 =

(6) 10 − 4 =

(7) 5 − 4 =

(8) 4 − 4 = 0

(9) 6 − 5 =

(10) 7 − 5 =

(11) 8 − 5 =

(12) 9 − 5 =

(13) 10 − 5 =

(14) 6 − 5 =

(15) 5 − 5 = 0

| 0 | 1 | 2 | 3 | 4 | 5 | 6 | 7 | 8 | 9 | 10 |

Review

Subtracting 1 to 5

Name

Date

■ Subtract the numbers below.

(1) 1 − 1 =

(2) 2 − 1 =

(3) 2 − 2 =

(4) 3 − 1 =

(5) 3 − 2 =

(6) 3 − 3 =

(7) 4 − 1 =

(8) 4 − 2 =

(9) 4 − 3 =

(10) 4 − 4 =

(11) 5 − 1 =

(12) 5 − 2 =

(13) 5 − 3 =

(14) 5 − 4 =

(15) 5 − 5 =

■ Subtract the numbers below.

(1) 6 – 1 =   (6) 7 – 1 =   (11) 8 – 1 =

(2) 6 – 2 =   (7) 7 – 2 =   (12) 8 – 2 =

(3) 6 – 3 =   (8) 7 – 3 =   (13) 8 – 3 =

(4) 6 – 4 =   (9) 7 – 4 =   (14) 8 – 4 =

(5) 6 – 5 =   (10) 7 – 5 =   (15) 8 – 5 =

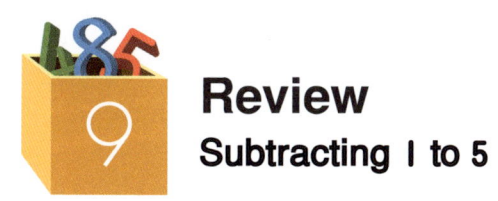

Review
Subtracting 1 to 5

Name

Date

■ Subtract the numbers below.

(1) 9 – 1 =

(2) 9 – 2 =

(3) 9 – 3 =

(4) 9 – 4 =

(5) 9 – 5 =

(6) 10 – 1 =

(7) 10 – 2 =

(8) 10 – 3 =

(9) 10 – 4 =

(10) 10 – 5 =

(11) 8 – 5 =

(12) 7 – 1 =

(13) 3 – 3 =

(14) 9 – 4 =

(15) 6 – 2 =

■ Subtract the numbers below.

(1) 7 − 4 =

(2) 9 − 5 =

(3) 10 − 2 =

(4) 6 − 3 =

(5) 5 − 1 =

(6) 8 − 4 =

(7) 4 − 3 =

(8) 7 − 5 =

(9) 10 − 1 =

(10) 6 − 4 =

(11) 8 − 3 =

(12) 10 − 4 =

(13) 9 − 1 =

(14) 9 − 3 =

(15) 10 − 5 =

Subtracting 6 and 7
6 − 4 to 10 − 6

Name

Date

To parents
Starting with this page, your child will learn to subtract 6 and 7. This section contains subtraction only from numbers up to 10.

■ Subtract the numbers below.

(1) $7 - 4 =$

(2) $7 - 5 =$

(3) $7 - 6 =$

(4) $8 - 4 =$

(5) $8 - 5 =$

(6) $8 - 6 =$

(7) $9 - 4 =$

(8) $9 - 5 =$

(9) $9 - 6 =$

(10) $10 - 4 =$

(11) $10 - 5 =$

(12) $10 - 6 =$

(13) $6 - 4 =$

(14) $6 - 5 =$

(15) $6 - 6 = 0$

| 0 | 1 | 2 | 3 | 4 | 5 | 6 | 7 | 8 | 9 | 10 |

■ Subtract the numbers below.

(1) $8 - 4 =$

(2) $8 - 5 =$

(3) $8 - 6 =$

(4) $8 - 7 =$

(5) $9 - 4 =$

(6) $9 - 5 =$

(7) $9 - 6 =$

(8) $9 - 7 =$

(9) $10 - 5 =$

(10) $10 - 6 =$

(11) $10 - 7 =$

(12) $7 - 4 =$

(13) $7 - 5 =$

(14) $7 - 6 =$

(15) $7 - 7 = 0$

0	1	2	3	4	5	6	7	8	9	10

Subtracting 8 and 9

8 − 4 to 10 − 8

Name

Date

To parents
Starting with this page, your child will learn to subtract 8 and 9. This section contains subtraction only from numbers up to 10.

■ Subtract the numbers below.

(1) $9 - 4 =$

(2) $9 - 5 =$

(3) $9 - 6 =$

(4) $9 - 7 =$

(5) $9 - 8 =$

(6) $10 - 4 =$

(7) $10 - 5 =$

(8) $10 - 6 =$

(9) $10 - 7 =$

(10) $10 - 8 =$

(11) $8 - 4 =$

(12) $8 - 5 =$

(13) $8 - 6 =$

(14) $8 - 7 =$

(15) $8 - 8 = 0$

| 0 | 1 | 2 | 3 | 4 | 5 | 6 | 7 | 8 | 9 | 10 |

■ Subtract the numbers below.

(1) 10 − 3 =   (6) 10 − 8 =   (11) 9 − 5 =

(2) 10 − 4 =   (7) 10 − 9 =   (12) 9 − 6 =

(3) 10 − 5 =   (8) 9 − 2 =   (13) 9 − 7 =

(4) 10 − 6 =   (9) 9 − 3 =   (14) 9 − 8 =

(5) 10 − 7 =   (10) 9 − 4 =   (15) 9 − 9 = 0

| 0 | 1 | 2 | 3 | 4 | 5 | 6 | 7 | 8 | 9 | 10 |

Review
Subtracting 6 to 9

■ Subtract the numbers below.

(1) 6 – 6 =

(2) 7 – 6 =

(3) 7 – 7 =

(4) 8 – 6 =

(5) 8 – 7 =

(6) 8 – 8 =

(7) 9 – 6 =

(8) 9 – 7 =

(9) 9 – 8 =

(10) 9 – 9 =

(11) 10 – 6 =

(12) 10 – 7 =

(13) 10 – 8 =

(14) 10 – 9 =

(15) 9 – 6 =

■ Subtract the numbers below.

(1) 9 – 9 =

(2) 10 – 7 =

(3) 7 – 6 =

(4) 10 – 9 =

(5) 7 – 7 =

(6) 8 – 6 =

(7) 8 – 8 =

(8) 9 – 9 =

(9) 8 – 7 =

(10) 10 – 8 =

(11) 6 – 6 =

(12) 9 – 7 =

(13) 8 – 8 =

(14) 10 – 6 =

(15) 9 – 8 =

Review
Subtracting 1 to 9

Name

Date

■ Subtract the numbers below.

(1) $6 - 5 =$

(2) $9 - 4 =$

(3) $7 - 7 =$

(4) $4 - 2 =$

(5) $10 - 5 =$

(6) $1 - 1 =$

(7) $7 - 3 =$

(8) $5 - 3 =$

(9) $3 - 2 =$

(10) $8 - 5 =$

(11) $6 - 1 =$

(12) $10 - 9 =$

(13) $8 - 8 =$

(14) $9 - 7 =$

(15) $4 - 4 =$

■ Subtract the numbers below.

(1) 8 − 7 =

(2) 5 − 2 =

(3) 3 − 3 =

(4) 10 − 1 =

(5) 7 − 5 =

(6) 2 − 1 =

(7) 9 − 9 =

(8) 10 − 3 =

(9) 4 − 1 =

(10) 8 − 4 =

(11) 5 − 5 =

(12) 9 − 6 =

(13) 7 − 2 =

(14) 10 − 7 =

(15) 6 − 4 =

Review
Subtracting 1 to 9

Name

Date

■ Subtract the numbers below.

(1) $9 - 2 =$

(2) $4 - 4 =$

(3) $8 - 1 =$

(4) $3 - 3 =$

(5) $7 - 6 =$

(6) $2 - 2 =$

(7) $5 - 1 =$

(8) $10 - 4 =$

(9) $7 - 7 =$

(10) $9 - 3 =$

(11) $6 - 2 =$

(12) $10 - 8 =$

(13) $6 - 6 =$

(14) $8 - 3 =$

(15) $9 - 5 =$

■ Subtract the numbers below.

(1) $5 - 4 =$

(2) $10 - 6 =$

(3) $3 - 1 =$

(4) $8 - 2 =$

(5) $6 - 3 =$

(6) $10 - 2 =$

(7) $7 - 4 =$

(8) $5 - 5 =$

(9) $9 - 1 =$

(10) $4 - 3 =$

(11) $8 - 6 =$

(12) $2 - 2 =$

(13) $9 - 8 =$

(14) $6 - 6 =$

(15) $7 - 1 =$

Subtracting from 10

10 − 1 to 10 − 10

To parents
Now that your child is able to subtract the numbers 1 through 9, he or she will begin practicing subtracting these numbers from 10. From this page on, the number subtracted from will remain the same, while the number to be subtracted will change. Please encourage your child to practice until he or she can solve problems easily. If your child is unsure of his or her answer, encourage him or her to check it by adding the result to the number subtracted.

■ Subtract the numbers below.

(1) $10 - 1 =$

(2) $10 - 2 =$

(3) $10 - 3 =$

(4) $10 - 4 =$

(5) $10 - 5 =$

(6) $10 - 6 =$

(7) $10 - 7 =$

(8) $10 - 8 =$

(9) $10 - 9 =$

(10) $10 - 10 = 0$

(11) $10 - 7 =$

(12) $10 - 2 =$

(13) $10 - 1 =$

(14) $10 - 6 =$

(15) $10 - 10 =$

0	1	2	3	4	5	6	7	8	9	10

29

■ Subtract the numbers below.

(1) 10 − 5 =

(6) 10 − 6 =

(11) 10 − 10 =

(2) 10 − 3 =

(7) 10 − 3 =

(12) 10 − 1 =

(3) 10 − 9 =

(8) 10 − 9 =

(13) 10 − 8 =

(4) 10 − 4 =

(9) 10 − 2 =

(14) 10 − 4 =

(5) 10 − 8 =

(10) 10 − 7 =

(15) 10 − 5 =

Subtracting from 11

11 − 1 to 11 − 10

Name

Date

■ Subtract the numbers below.

To parents
Starting with this page, your child will learn to subtract numbers from 11 and will also begin to practice subtracting 0. If he or she does not grasp the concept of 0, please allow the repeated exercises to familiarize him or her with the idea.

(1) 11 − 1 =

(2) 11 − 2 =

(3) 11 − 3 =

(4) 11 − 4 =

(5) 11 − 5 =

(6) 11 − 6 =

(7) 11 − 7 =

(8) 11 − 8 =

(9) 11 − 9 =

(10) 11 − 10 =

(11) 11 − 3 =

(12) 11 − 8 =

(13) 11 − 2 =

(14) 11 − 9 =

(15) 11 − 6 =

| 0 | 1 | 2 | 3 | 4 | 5 | 6 | 7 | 8 | 9 | 10 | 11 | 12 | 13 | 14 | 15 | 16 | 17 | 18 | 19 | 20 |

■ Subtract the numbers below.

(1) $11 - 4 =$

(2) $11 - 10 =$

(3) $11 - 7 =$

(4) $11 - 1 =$

(5) $11 - 5 =$

(6) $11 - 8 =$

(7) $11 - 9 =$

(8) $11 - 10 =$

(9) $11 - 11 = 0$

(10) $11 - 0 = 11$

(11) $11 - 7 =$

(12) $11 - 5 =$

(13) $11 - 0 =$

(14) $11 - 6 =$

(15) $11 - 11 =$

Name

Date

■ Subtract the numbers below.

(1) 12 − 1 =

(2) 12 − 2 =

(3) 12 − 3 =

(4) 12 − 4 =

(5) 12 − 5 =

(6) 12 − 6 =

(7) 12 − 7 =

(8) 12 − 8 =

(9) 12 − 9 =

(10) 12 − 10 =

(11) 12 − 7 =

(12) 12 − 4 =

(13) 12 − 9 =

(14) 12 − 6 =

(15) 12 − 3 =

| 0 | 1 | 2 | 3 | 4 | 5 | 6 | 7 | 8 | 9 | 10 | 11 | 12 | 13 | 14 | 15 | 16 | 17 | 18 | 19 | 20 |

■ Subtract the numbers below.

(1) 12 − 8 =

(2) 12 − 1 =

(3) 12 − 5 =

(4) 12 − 10 =

(5) 12 − 2 =

(6) 12 − 9 =

(7) 12 − 10 =

(8) 12 − 11 =

(9) 12 − 12 = 0

(10) 12 − 0 = 12

(11) 12 − 8 =

(12) 12 − 0 =

(13) 12 − 11 =

(14) 12 − 7 =

(15) 12 − 12 =

18 Subtracting from 13

13 – 1 to 13 – 10

■ Subtract the numbers below.

(1) 13 – 1 =

(2) 13 – 2 =

(3) 13 – 3 =

(4) 13 – 4 =

(5) 13 – 5 =

(6) 13 – 6 =

(7) 13 – 7 =

(8) 13 – 8 =

(9) 13 – 9 =

(10) 13 – 10 =

(11) 13 – 5 =

(12) 13 – 1 =

(13) 13 – 10 =

(14) 13 – 6 =

(15) 13 – 2 =

| 0 | 1 | 2 | 3 | 4 | 5 | 6 | 7 | 8 | 9 | 10 | 11 | 12 | 13 | 14 | 15 | 16 | 17 | 18 | 19 | 20 |

■ Subtract the numbers below.

(1) 13 − 7 =

(2) 13 − 4 =

(3) 13 − 9 =

(4) 13 − 3 =

(5) 13 − 8 =

(6) 13 − 10 =

(7) 13 − 11 =

(8) 13 − 12 =

(9) 13 − 13 = 0

(10) 13 − 0 = 13

(11) 13 − 9 =

(12) 13 − 12 =

(13) 13 − 13 =

(14) 13 − 11 =

(15) 13 − 0 =

Review

Subtracting from 11, 12, and 13

To parents
Starting with this page, your child will review subtracting from 11, 12, and 13. If your child is confused or seems to be having trouble, please encourage him or her to return to the previous section for more practice.

Name

Date

■ Subtract the numbers below.

(1) $11 - 1 =$

(2) $12 - 3 =$

(3) $13 - 2 =$

(4) $12 - 0 =$

(5) $13 - 3 =$

(6) $12 - 2 =$

(7) $11 - 3 =$

(8) $13 - 0 =$

(9) $12 - 5 =$

(10) $13 - 6 =$

(11) $11 - 4 =$

(12) $13 - 6 =$

(13) $12 - 1 =$

(14) $11 - 0 =$

(15) $13 - 4 =$

■ Subtract the numbers below.

(1) 11 − 9 =   (6) 12 − 8 =   (11) 11 − 10 =

(2) 13 − 8 =   (7) 13 − 13 =   (12) 12 − 12 =

(3) 12 − 10 =   (8) 12 − 9 =   (13) 13 − 7 =

(4) 11 − 11 =   (9) 11 − 7 =   (14) 11 − 8 =

(5) 13 − 9 =   (10) 12 − 11 =   (15) 13 − 12 =

Subtracting from 14

14 − 1 to 14 − 10

Name

Date

■ Subtract the numbers below.

(1) 14 − 1 =

(2) 14 − 2 =

(3) 14 − 3 =

(4) 14 − 4 =

(5) 14 − 5 =

(6) 14 − 6 =

(7) 14 − 7 =

(8) 14 − 8 =

(9) 14 − 9 =

(10) 14 − 10 =

(11) 14 − 4 =

(12) 14 − 7 =

(13) 14 − 2 =

(14) 14 − 10 =

(15) 14 − 5 =

| 0 | 1 | 2 | 3 | 4 | 5 | 6 | 7 | 8 | 9 | 10 | 11 | 12 | 13 | 14 | 15 | 16 | 17 | 18 | 19 | 20 |

■ Subtract the numbers below.

(1) $14 - 3 =$

(2) $14 - 9 =$

(3) $14 - 1 =$

(4) $14 - 6 =$

(5) $14 - 8 =$

(6) $14 - 11 =$

(7) $14 - 12 =$

(8) $14 - 13 =$

(9) $14 - 14 = 0$

(10) $14 - 0 = 14$

(11) $14 - 12 =$

(12) $14 - 14 =$

(13) $14 - 11 =$

(14) $14 - 0 =$

(15) $14 - 13 =$

Subtracting from 15

15 − 1 to 15 − 10

Name

Date

■ Subtract the numbers below.

(1) 15 − 1 =

(2) 15 − 2 =

(3) 15 − 3 =

(4) 15 − 4 =

(5) 15 − 5 =

(6) 15 − 6 =

(7) 15 − 7 =

(8) 15 − 8 =

(9) 15 − 9 =

(10) 15 − 10 =

(11) 15 − 2 =

(12) 15 − 5 =

(13) 15 − 10 =

(14) 15 − 1 =

(15) 15 − 8 =

| 0 | 1 | 2 | 3 | 4 | 5 | 6 | 7 | 8 | 9 | 10 | 11 | 12 | 13 | 14 | 15 | 16 | 17 | 18 | 19 | 20 |

■ Subtract the numbers below.

(1) $15 - 7 =$

(2) $15 - 4 =$

(3) $15 - 9 =$

(4) $15 - 3 =$

(5) $15 - 6 =$

(6) $15 - 11 =$

(7) $15 - 12 =$

(8) $15 - 13 =$

(9) $15 - 14 =$

(10) $15 - 15 = 0$

(11) $15 - 0 = 15$

(12) $15 - 11 =$

(13) $15 - 0 =$

(14) $15 - 15 =$

(15) $15 - 13 =$

Subtracting from 16

16 − 1 to 16 − 10

Name

Date

■ Subtract the numbers below.

(1) 16 − 1 =

(2) 16 − 2 =

(3) 16 − 3 =

(4) 16 − 4 =

(5) 16 − 5 =

(6) 16 − 6 =

(7) 16 − 7 =

(8) 16 − 8 =

(9) 16 − 9 =

(10) 16 − 10 =

(11) 16 − 9 =

(12) 16 − 4 =

(13) 16 − 8 =

(14) 16 − 2 =

(15) 16 − 6 =

0	1	2	3	4	5	6	7	8	9	10	11	12	13	14	15	16	17	18	19	20

■ Subtract the numbers below.

(1) $16 - 3 =$

(2) $16 - 7 =$

(3) $16 - 10 =$

(4) $16 - 5 =$

(5) $16 - 1 =$

(6) $16 - 11 =$

(7) $16 - 12 =$

(8) $16 - 13 =$

(9) $16 - 14 =$

(10) $16 - 15 =$

(11) $16 - 16 = 0$

(12) $16 - 0 = 16$

(13) $16 - 12 =$

(14) $16 - 0 =$

(15) $16 - 16 =$

23 Review
Subtracting from 14, 15, and 16

Name

Date

■ Subtract the numbers below.

(1) 15 − 3 =

(2) 16 − 7 =

(3) 14 − 0 =

(4) 15 − 1 =

(5) 16 − 5 =

(6) 14 − 4 =

(7) 16 − 4 =

(8) 15 − 0 =

(9) 14 − 7 =

(10) 16 − 6 =

(11) 15 − 5 =

(12) 14 − 2 =

(13) 16 − 0 =

(14) 15 − 7 =

(15) 16 − 2 =

■ Subtract the numbers below.

(1) 16 − 16 =

(2) 15 − 12 =

(3) 14 − 13 =

(4) 16 − 14 =

(5) 15 − 15 =

(6) 16 − 13 =

(7) 14 − 14 =

(8) 15 − 8 =

(9) 14 − 9 =

(10) 16 − 15 =

(11) 14 − 12 =

(12) 16 − 11 =

(13) 15 − 14 =

(14) 14 − 8 =

(15) 15 − 10 =

Subtracting from 17

24 17 − 1 to 17 − 10

Name

Date

■ Subtract the numbers below.

(1) 17 − 1 =

(2) 17 − 2 =

(3) 17 − 3 =

(4) 17 − 4 =

(5) 17 − 5 =

(6) 17 − 6 =

(7) 17 − 7 =

(8) 17 − 8 =

(9) 17 − 9 =

(10) 17 − 10 =

(11) 17 − 7 =

(12) 17 − 1 =

(13) 17 − 8 =

(14) 17 − 5 =

(15) 17 − 2 =

| 0 | 1 | 2 | 3 | 4 | 5 | 6 | 7 | 8 | 9 | 10 | 11 | 12 | 13 | 14 | 15 | 16 | 17 | 18 | 19 | 20 |

17 − 0 to 17 − 17

■ Subtract the numbers below.

(1) 17 − 11 =

(2) 17 − 12 =

(3) 17 − 13 =

(4) 17 − 14 =

(5) 17 − 15 =

(6) 17 − 16 =

(7) 17 − 17 = 0

(8) 17 − 0 = 17

(9) 17 − 14 =

(10) 17 − 11 =

(11) 17 − 0 =

(12) 17 − 13 =

(13) 17 − 12 =

(14) 17 − 17 =

(15) 17 − 15 =

Subtracting from 18

18 − 1 to 18 − 10

Name

Date

■ Subtract the numbers below.

(1) 18 − 1 =

(2) 18 − 2 =

(3) 18 − 3 =

(4) 18 − 4 =

(5) 18 − 5 =

(6) 18 − 6 =

(7) 18 − 7 =

(8) 18 − 8 =

(9) 18 − 9 =

(10) 18 − 10 =

(11) 18 − 6 =

(12) 18 − 10 =

(13) 18 − 3 =

(14) 18 − 9 =

(15) 18 − 4 =

0	1	2	3	4	5	6	7	8	9	10	11	12	13	14	15	16	17	18	19	20

■ Subtract the numbers below.

(1) $18 - 11 =$

(2) $18 - 12 =$

(3) $18 - 13 =$

(4) $18 - 14 =$

(5) $18 - 15 =$

(6) $18 - 16 =$

(7) $18 - 17 =$

(8) $18 - 18 = 0$

(9) $18 - 0 = 18$

(10) $18 - 14 =$

(11) $18 - 0 =$

(12) $18 - 11 =$

(13) $18 - 16 =$

(14) $18 - 13 =$

(15) $18 - 18 =$

Subtracting from 19

19 − 1 to 19 − 10

Name

Date

■ Subtract the numbers below.

(1) 19 − 1 =

(2) 19 − 2 =

(3) 19 − 3 =

(4) 19 − 4 =

(5) 19 − 5 =

(6) 19 − 6 =

(7) 19 − 7 =

(8) 19 − 8 =

(9) 19 − 9 =

(10) 19 − 10 =

(11) 19 − 3 =

(12) 19 − 6 =

(13) 19 − 10 =

(14) 19 − 2 =

(15) 19 − 8 =

| 0 | 1 | 2 | 3 | 4 | 5 | 6 | 7 | 8 | 9 | 10 | 11 | 12 | 13 | 14 | 15 | 16 | 17 | 18 | 19 | 20 |

■ Subtract the numbers below.

(1) $19 - 11 =$

(2) $19 - 12 =$

(3) $19 - 13 =$

(4) $19 - 14 =$

(5) $19 - 15 =$

(6) $19 - 16 =$

(7) $19 - 17 =$

(8) $19 - 18 =$

(9) $19 - 19 = 0$

(10) $19 - 0 = 19$

(11) $19 - 12 =$

(12) $19 - 19 =$

(13) $19 - 17 =$

(14) $19 - 0 =$

(15) $19 - 15 =$

Subtracting from 20

20 − 1 to 20 − 10

Name

Date

To parents
Starting with this page, your child will practice subtracting numbers from 20. Please encourage your child to keep practicing until he or she feels comfortable subtracting from large numbers.

■ Subtract the numbers below.

(1) 20 − 1 =

(2) 20 − 2 =

(3) 20 − 3 =

(4) 20 − 4 =

(5) 20 − 5 =

(6) 20 − 6 =

(7) 20 − 7 =

(8) 20 − 8 =

(9) 20 − 9 =

(10) 20 − 10 =

(11) 20 − 5 =

(12) 20 − 1 =

(13) 20 − 9 =

(14) 20 − 4 =

(15) 20 − 7 =

| 0 | 1 | 2 | 3 | 4 | 5 | 6 | 7 | 8 | 9 | 10 | 11 | 12 | 13 | 14 | 15 | 16 | 17 | 18 | 19 | 20 |

■ Subtract the numbers below.

(1) 20 − 11 =

(2) 20 − 12 =

(3) 20 − 13 =

(4) 20 − 14 =

(5) 20 − 15 =

(6) 20 − 16 =

(7) 20 − 17 =

(8) 20 − 18 =

(9) 20 − 19 =

(10) 20 − 20 = 0

(11) 20 − 0 = 20

(12) 20 − 13 =

(13) 20 − 0 =

(14) 20 − 20 =

(15) 20 − 18 =

28 Review
Subtracting from 17 to 20

Name

Date

■ Subtract the numbers below.

(1) 17 − 3 =

(2) 19 − 0 =

(3) 18 − 2 =

(4) 19 − 4 =

(5) 20 − 2 =

(6) 18 − 1 =

(7) 19 − 1 =

(8) 17 − 0 =

(9) 20 − 3 =

(10) 18 − 5 =

(11) 20 − 0 =

(12) 17 − 4 =

(13) 20 − 1 =

(14) 18 − 0 =

(15) 19 − 5 =

■ Subtract the numbers below.

(1) 19 − 9 =

(2) 20 − 8 =

(3) 17 − 10 =

(4) 19 − 7 =

(5) 20 − 9 =

(6) 18 − 8 =

(7) 20 − 6 =

(8) 17 − 9 =

(9) 19 − 6 =

(10) 18 − 7 =

(11) 20 − 10 =

(12) 18 − 9 =

(13) 20 − 7 =

(14) 19 − 8 =

(15) 17 − 6 =

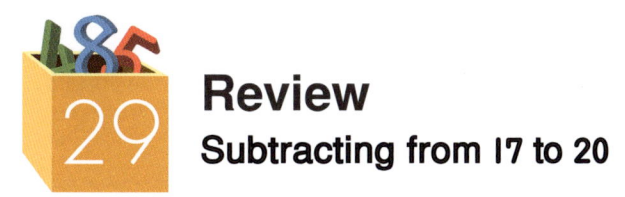

Review
Subtracting from 17 to 20

Name

Date

■ Subtract the numbers below.

(I) $18 - 11 =$

(2) $19 - 14 =$

(3) $17 - 13 =$

(4) $19 - 12 =$

(5) $18 - 15 =$

(6) $17 - 12 =$

(7) $18 - 14 =$

(8) $20 - 11 =$

(9) $17 - 15 =$

(10) $19 - 13 =$

(11) $20 - 15 =$

(12) $17 - 11 =$

(13) $19 - 11 =$

(14) $18 - 12 =$

(15) $17 - 14 =$

■ Subtract the numbers below.

(1) 19 − 17 =

(2) 20 − 16 =

(3) 19 − 18 =

(4) 17 − 17 =

(5) 20 − 19 =

(6) 19 − 19 =

(7) 18 − 16 =

(8) 20 − 20 =

(9) 17 − 16 =

(10) 20 − 20 =

(11) 18 − 18 =

(12) 20 − 17 =

(13) 19 − 16 =

(14) 20 − 18 =

(15) 18 − 17 =

30 Review

Subtracting from 10 to 15

■ Subtract the numbers below.

To parents
Starting with this page, your child will review subtraction facts taught in this workbook. If your child is confused or seems to be having trouble, please encourage him or her to return to the section including the number he or she finds difficult. Once your child can easily solve subtraction problems that include large numbers, he or she has mastered basic subtraction. Please offer lots of praise.

(1) 12 − 5 =

(2) 14 − 0 =

(3) 13 − 3 =

(4) 11 − 0 =

(5) 13 − 1 =

(6) 15 − 4 =

(7) 10 − 1 =

(8) 11 − 3 =

(9) 14 − 6 =

(10) 12 − 0 =

(11) 15 − 6 =

(12) 10 − 8 =

(13) 13 − 5 =

(14) 10 − 9 =

(15) 11 − 6 =

■ Subtract the numbers below.

(1) $15 - 2 =$

(2) $12 - 7 =$

(3) $13 - 0 =$

(4) $10 - 4 =$

(5) $14 - 1 =$

(6) $11 - 2 =$

(7) $14 - 5 =$

(8) $12 - 4 =$

(9) $15 - 9 =$

(10) $10 - 0 =$

(11) $14 - 3 =$

(12) $11 - 5 =$

(13) $15 - 0 =$

(14) $12 - 1 =$

(15) $13 - 8 =$

Review

Subtracting from 16 to 20

Name

Date

■ Subtract the numbers below.

(1) 18 − 8 =

(2) 19 − 9 =

(3) 17 − 0 =

(4) 20 − 2 =

(5) 19 − 4 =

(6) 16 − 8 =

(7) 20 − 6 =

(8) 18 − 1 =

(9) 20 − 5 =

(10) 16 − 0 =

(11) 17 − 7 =

(12) 20 − 4 =

(13) 17 − 2 =

(14) 19 − 0 =

(15) 18 − 6 =

■ Subtract the numbers below.

(1) 17 − 9 =

(2) 16 − 3 =

(3) 19 − 5 =

(4) 16 − 1 =

(5) 20 − 8 =

(6) 18 − 7 =

(7) 17 − 4 =

(8) 18 − 0 =

(9) 19 − 7 =

(10) 18 − 3 =

(11) 20 − 0 =

(12) 17 − 5 =

(13) 20 − 3 =

(14) 16 − 9 =

(15) 19 − 2 =

Review
Subtracting from 10 to 20

32

Name

Date

■ Subtract the numbers below.

(1) $20 - 14 =$

(2) $10 - 10 =$

(3) $16 - 13 =$

(4) $13 - 11 =$

(5) $19 - 15 =$

(6) $12 - 12 =$

(7) $18 - 13 =$

(8) $17 - 10 =$

(9) $15 - 13 =$

(10) $18 - 16 =$

(11) $14 - 10 =$

(12) $20 - 19 =$

(13) $19 - 11 =$

(14) $17 - 17 =$

(15) $20 - 12 =$

■ Subtract the numbers below.

(1) 17 − 16 =

(6) 13 − 10 =

(11) 16 − 15 =

(2) 19 − 14 =

(7) 16 − 12 =

(12) 11 − 11 =

(3) 18 − 12 =

(8) 20 − 16 =

(13) 15 − 11 =

(4) 19 − 10 =

(9) 19 − 13 =

(14) 18 − 17 =

(5) 20 − 17 =

(10) 14 − 11 =

(15) 20 − 13 =